AF591919

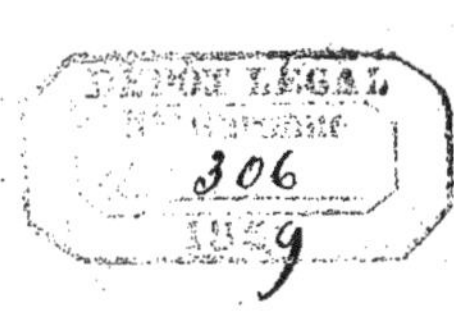

DÉPOT LÉGAL
306
1859

THÈSE

DE

LICENCE.

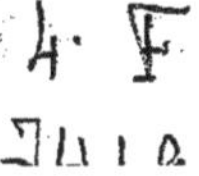

4· F
3418

FACULTÉ DE DROIT DE TOULOUSE.

ACTE PUBLIC

POUR

LA LICENCE

En exécution de l'Article 4, Titre 2, de la Loi du 22 Ventôse an XII.

BIBLIOTHÈQUE IMPÉRIALE
IMPR.

SOUTENU

Par M. TAILLEPIED (Cyrille),

Né à Rieumes (Haute-Garonne).

TOULOUSE,
Typographie Troyes OUVRIERS REUNIS,
Rue Saint-Pantaléon, 5.

—

1859.

4° F
7419

PARENTIBUS

ET AMICIS.

C.

Jus Romanum.

De novationibus et delegationibus.

DIG. LIB. XLVI, TIT. II. — INST. JUST. LIB. III, TIT. XXIX, § 3.

§ 1. — *De novationibus.*

Distributi sunt in duo genera modi extinguendi obligationes; modi ipso jure et modi exceptionis ope.

Admissum est jure civili priorem perimi obligationem si ex præcedenti causâ nova constituatur; ità nata est novatio sic ab Ulpiano definita: « prioris debiti in aliam obligationem, vel civilem, vel naturalem transfusio atque translatio. »

Duæ sunt novationes, voluntaria et judiciaria vel necessaria.

Fit novatio voluntaria stipulationibus et litteris, litterarum obligationes novant sed non omnes; contrà autem stipulatio modus est qui potest facilius ad omnes contrahentium voluntates se accommodari, qui usus est vulgaris; quodcumque enim sive verbis contractum est, sive non verbis, novari potest et transire in verborum obligationem.

Quatuor necessariæ sunt conditiones ad novationis validitatem : contrahentium consensus, novandi animus, prior obligatio et nova obligatio aut civilis aut naturalis, an honoraria.

Jnterest sequens obligatio aut civiliter teneat aut naturaliter et hoc agatur ut novetur obligatio; igitur pupillus sine tutoris auctoritate promittens novat, contrà si stipulatus fuerit a servo, novatio non fit.

Quotiès quod purè debetur, novandi causâ sub conditione promittitur, non statìm fit novatio, sed tunc demum quum conditio steterit; reipsà ut perficiatur novatio necesse est novam nasci obligationem, verum si deficiat conditio, deficit etiam causa obligationis.

Pluribus modis fit novatio. 1° Interventu novi debitoris; quæ species delegatio appellatur, cùm, jubente priore debitore, intervenit; 2° interventu novæ personæ cui debeatur; 3° cùm debitor et creditor simul mutantur; 4° cùm nova obligatio vel aliquid novi in priore obligatione ab eodem debitore stipulatur.

Effectus novationis ést quod prior tollatur obligatio, nullaque eo nomine supersit actio.

Fit novatio judiciaria per litis contestationem, in judiciis legitimis litis contestatio obligationem dissolvit principalem, incipit teneri reus litis contestatione et res deducta in judicio est. Si condemnatus sit reus, sublatâ litis contestatione, incipit ex judicati causâ teneri.

Tale erat antiquum jus, sed sub Justiniano imperatore non novat litis contestatio.

§ II. — *De delegationibus.*

Delegatio efficitur, ut suprà diximus, quum, jubente priore, novus intervenit debitor ad novandam obligationem.

« Delegare est vice sua alium reum dare creditori vel qui jusserit. »

Plerumque usitata est ad negotia simpliciùs tractanda.

Debet Titius Cornelio et hic debet Sempronio : si suum delegat Cornelius reum suo creditori accipienti, quâ tenetur ergà Sempronium obligatione et quam habet ergà Titium sunt una et altera in aliam novatæ obligationem quâ fit Titius delegatus Sempronii creditoris reus. Comprehendit delegatio duplex mandatum quo delegatarius delegatum accipere et delegatus debitum delegantis suscipere rogatur; nec enim creditoris creditori quisquam invitus delegari potest. Ex parte delegantis nihil præter ejus consensum requiritur et ubi fari non potest, delegabit scripturâ vel nutu.

Necesse est ut inter debitorem delegatum et creditorem delegantis interponatur stipulatio et promissio agatur ex causa delegationis.

Hâc in re differt delegatio debiti a cessione nominis in quâ nequidem consensu rei opus est.

Delegatio rectè facta tres producit effectus.

1o Exoneratur delegans de eo quod debet pariter et de accessionibus debiti; 2o Exoneratur etiam delegatus, si delegantis sit debitor, in hoc etiam differt delegatio a cessione actionum; 3o incipit ergà delegatarium teneri delegatus ex momento suæ promissionis, etsi non sit delegantis reus.

POSITIONES.

Nonne stipulatione servorum obligatio novatur ? - Non.

Nonne stipulatione pupilli sine tutoris auctoritate novatione tollitur prima obligatio ? — Tollitur.

Code Napoléon.

De l'extinction des obligations en général et spécialement de la novation, de la remise de la dette et de la compensation.

(1234 , 1271 à 1299)

CHAPITRE PREMIER.

Extinction des obligations en général.

L'art. 1234 du Code Nap. nous indique neuf causes d'extinction des obligations, dont trois vont faire l'objet principal de notre étude : ce sont la novation, la remise de la dette et la compensation. Les six autres sont : 1° le paiement qu'il faut prendre dans son sens le plus large, non seulement comme prestation d'une somme d'argent ; mais comme *solutio obligationis*, dénouement du *vinculum* par ce à quoi on était tenu ; 2° la confusion, qui est la réunion sur une même personne des deux qualités de créancier et de débiteur d'une même obligation ; 3o la perte de la chose, extinction basée sur le principe : à l'impossible nul n'est tenu ; 4o la nullité ou la rescision. Il faut faire remarquer ici que le Code n'entend pas parler de la nullité en elle-même, mais de la nullité conditionnelle et facultative de contrats entachés d'imperfections assez graves pour autoriser une demande en annulation ; il est clair, en effet, que si l'obligation était non existante, il ne pourrait être question de son extinction ; 5o l'effet de la condition résolutoire ; 6o la prescription, soit à l'effet d'acquérir, soit à l'effet de se libérer, et qui n'opère pas de plein droit, mais a besoin d'être invoquée par le débiteur.

En outre de ces modes généraux, il y a une foule d'autres causes d'extinction spéciales à tel ou tel cas déterminé, et qui sont expliquées chacune dans la matière qu'elle concerne.

Il faut mettre aussi au nombre des causes générales d'extinction des obligations, le mutuel dissentiment des parties, c'est-à-dire leur commun accord de revenir sur une convention arrêtée et de l'anéantir.

Remarquons toutefois que sous les principes nouveaux du Code Napoléon, l'effet produit sera tout autre qu'il n'était à Rome ou sous notre ancien droit.

Nous admettons maintenant en principe, que le simple concours des volontés suffit pour former un contrat ; par conséquent, quand je conviens avec vous de vous vendre mon immeuble moyennant la somme de mille francs ; si, avant la livraison de l'immeuble et le paiement du prix, nous convenons de tenir la vente pour non avenue, il y aura dans ce mutuel dissentiment la formation d'un second contrat venant s'ajouter au premier pour en annuler l'effet ; mais nous ne pourrons pas dire, comme autrefois, que la translation de propriété n'ayant pas eu lieu, je n'ai jamais cessé d'être propriétaire ; et que je ne suis délivré que de l'obligation de vous transférer la propriété de mon immeuble ; car, depuis le Code, cette translation de propriété s'est réalisée par le fait même de la première convention, qui a immédiatement formé la vente.

SECTION Ire.

De la novation et de la délégation.

§ 1. — *De la novation.*

Pothier définit la novation : la substitution d'une dette nouvelle à une ancienne dette ; c'est l'extinction d'une dette par une autre dette, la transformation d'un obligation en une autre.

De cette notion bien comprise vont découler les principales règles de la matière.

Si des trois éléments qui composent une dette, savoir : un débiteur, un créancier et une chose qui fait l'objet du droit, un est enlevé et remplacé par un autre, la dette est transformée en une autre dette, il y a novation. Elle peut donc s'opérer de trois manières : 1o par simple changement de la dette (le débiteur et le créancier restant les mêmes) ; 2o par changement de débiteur ; 3o par changement de créancier. Dans la novation par changement de créancier, le concours de trois personnes est nécessaire, tandis que dans la novation par changement de débiteur, deux personnes suffisent ; l'ancien débiteur n'est pas indispensable, il est, en effet, loisible d'acquitter la dette d'un autre sans son consentement et même malgré lui.

La formation d'une novation implique l'existence de deux obligations. Donc le rôle respectif est de se remplacer l'une par l'autre. Le créancier renonce à sa créance afin d'en acquérir une nouvelle ; le débiteur consent une obligation nouvelle afin d'éteindre la première ; aussi, dit-on que la novation est une convention à double effet, productive et extinctive à la fois d'une obligation.

No 1. — *De l'obligation qu'il s'agit d'éteindre par novation.*

Sont susceptibles d'être novées toutes les obligations qui ont une existence quelconque ; mais si l'une des obligations n'était qu'une vaine apparence sans réalité, soit qu'elle eût été contractée, par exemple, par une personne privée de raison, soit qu'elle fût contraire aux bonnes mœurs, la novation ne s'opérerait pas. En effet, si la première obligation se trouvait n'avoir pas d'existence légale, la seconde que l'on ne contractait qu'en tant qu'elle devait la remplacer, ne naîtrait pas faute de cause ; si c'était la seconde qui se trouvât juridiquement inexistante, l'extinction de l'ancienne manquerait de cause, et dès lors l'ancienne dette continuerait d'exister.

Du reste, si deux obligations sont absolument indispensables pour la novation, rien n'exige qu'elles aient une existence parfaite et irrévocable. C'est ainsi : par exemple, qu'une obligation annulable pourra être novée, puisque cette obligation produit tous les effets ordinaires tant qu'elle subsiste ; pareillement l'obligation naturelle, puisqu'elle devient dette civile du moment qu'elle s'est manifestée ; car cette obligation existant en équité, sans exister en droit, notre Droit Français reconnaît en principe toutes les obligations que reconnaît l'équité. Enfin, l'obligation conditionnelle n'aura son existence que du moment où s'accomplira la condition suspensive ou que défaillira la condition résolutoire ; et néanmoins une telle obligation suffit pour la novation, même pour une novation pure et simple et aléatoire, si telle est l'intention des parties.

Peuvent consentir à une novation, toutes personnes capables, soit d'aliéner la créance qu'il s'agit d'éteindre, soit de consentir l'obligation que l'on veut substituer à la première. Cette capacité est exigée pour la parfaite régularité de l'acte, mais non pour son existence, puisque le contrat se forme malgré l'incapacité des parties, sauf les conséquences qui seraient seulement annulables sur la demande de la partie incapable.

N° 2. — *De l'obligation par laquelle on opère la novation.*

1° Il faut que la nouvelle obligation ait en vue d'éteindre la première et qu'elle apporte un vrai changement dans la position respective du créancier et du débiteur originaires. Chacune des trois espèces de novation présente des analogies avec quelques autres opérations ; et comme on serait exposé à tomber dans l'erreur et à donner à la volonté des parties plus d'effet qu'elles n'ont entendu, la loi a voulu que la novation ne fût reconnue qu'autant que l'intention de l'opérer s'est manifestée d'une manière certaine et que cette volonté résulte clairement de l'acte ou des circonstances qui l'ont accompagné.

La novation ne se présume point, parce qu'elle est de la part du créancier une renonciation, *et renunciatio non præsumitur ;* on n'exige pas non plus qu'elle soit expressément formulée, parce que notre législation Française a supprimé le formalisme Romain, pour s'en tenir à la volonté des parties de quelque manière qu'elle se manifeste : ainsi, quand je conviens avec vous que vous me paierez dans un an la dette de 1,000 francs exigible à ma volonté, il ne faut pas conclure de cette convention une novation et dire que la dette n'étant plus la même, puisque de pure et simple qu'elle était, elle devient à terme, les garanties de la première ne passent pas à la seconde ; ce serait aller contre la lettre de l'art. 1273 et présumer la novation, au lieu de la prouver : rien en effet n'est changé dans les éléments essentiels de la dette ; elle a toujours même objet et même cause, le débiteur et le créancier sont les mêmes, l'ancienne dette subsiste donc. Ainsi, les changements qui n'affectent que les modalités ou les garanties de la dette n'opèrent point novation. L'article 1277 ne voit pas non plus une novation dans la simple indication faite par le débiteur d'une personne qui doit payer à sa place, ou bien dans celle faite par le créancier d'une personne qui doit recevoir pour lui ; il n'y a là, en effet, que simple mandat, l'objet et la cause de la dette restent les mêmes et le débiteur est toujours resté obligé envers son créancier.

2° Il faut que la nouvelle obligation soit valable.

Si elle est seulement annulable, soit pour incapacité, soit pour vice de consentement, la novation subsiste tant qu'il n'y a pas annulation ; que si l'annulation vient à être prononcée, l'obligation étant ainsi mise à néant et se trouvant n'avoir jamais existé, la novation en principe se trouvera nulle et non avenue. Dans ce cas l'ancienne obligation revivra-t-elle? D'après un principe déduit du digeste, du moment qu'une obligation se trouve éteinte, elle ne saurait revivre, *obligatio semel exstincta non reviviscit :* cette idée vraie en Droit romain est fausse dans notre Droit, car notre doctrine veut, que la seconde dette se trouvant par son annulation n'avoir jamais existé, la première se trouve par là même n'avoir jamais été éteinte. Que si on objecte que quand l'incapable fait annuler son obligation, elle n'est annulée que civilement et continue d'exister naturellement et d'offrir, par conséquent, un aliment à la novation, nous répondrons que cette idée admise en Droit romain, se trouve en désaccord avec nos principes du droit civil.

Notre législateur a voulu que les règles du Droit ne fussent, autant que possible, que les règles de la raison elle-même; aussi quand il déclare nulle la promesse du mineur, ce n'est pas avec la pensée qu'elle est valable en équité, car alors il la déclarerait valable en droit : s'il la déclare nulle civilement, c'est qu'il la présume nulle naturellement. Si la nouvelle obligation est conditionnelle, suivrons-nous les règles du Droit romain qui, ne s'occupant en rien de la volonté des parties, disait que la promesse conditionnelle n'est pas rigoureusement une obligation, mais seulement l'espérance d'une obligation, *spes est tantum debitum fore*, et regardait ainsi la novation comme impossible, puisqu'il n'y avait pas existence de deux obligations? Nous suivrons en Droit Français une solution contraire; car, chez nous toute convention licite et faite avec intention de s'obliger, oblige en effet: par conséquent, si la promesse conditionnelle n'est point une obligation parfaite, elle est toujours une obligation quelconque, on est lié par un certain lien moins étroit peut-être que tel autre, mais on est lié, et il y a une certaine obligation qui a une existence très positive.

La novation a un effet extinctif: 1° entre le créancier et le débiteur.

L'insolvabilité de la personne, que le créancier accepte pour débiteur à la place de son débiteur primitif, ne donne lieu à aucun recours au profit du créancier contre ce débiteur primitif; il supporte les conséquences de son mauvais choix; tel est le principe. Mais il en sera autrement s'il s'est réservé un recours, et la loi venant même à son secours dans un cas particulier où sa religion aura pu être surprise, accorde à ce créancier le recours qu'il n'a pas stipulé : c'est lorsque le délégué au moment de la délégation était déjà en faillite ou en déconfiture.

Remarquons que l'insolvabilité du nouveau débiteur n'empêchant pas son obligation d'exister, la novation reste parfaite et continue de produire son effet. La loi permet au créancier, non pas d'exercer son ancienne créance qui est définitivement éteinte, mais d'exiger de son débiteur l'indemnité du préjudice qu'il subit.

2° Entre le débiteur solidaire. L'obligation solidaire étant éteinte par la novation, comme le ferait le paiement lui-même, tous les codébiteurs de celui qui fait la novation sont, comme lui, libérés, la novation fût-elle même faite par un tiers. Néanmoins la loi permet au créancier de n'accéder à la novation qu'il fait avec l'un des débiteurs solidaires, que tout autant que les autres débiteurs donneront leur adhésion à la nouvelle dette ; s'ils s'y refusent, l'opération est nulle, le créancier conserve son ancienne créance.

Ainsi donc le principe est que la solidarité, qui était la garantie de l'ancienne dette, ne passe à la nouvelle qu'avec le consentement du codébiteur du nouvel obligé. Si la dette est garantie par des cautions, celles-ci sont libérées en même temps que le débiteur principal. Le créancier peut néanmoins mettre pour condition à la novation que la caution garantira aussi la nouvelle dette, auquel cas la novation ne s'accomplira que si la caution donne son adhésion à cet arrangement. Le principe est donc ici le même qu'en fait de solidarité, et les parties ne peuvent point, sans le consentement exprès de la caution, rattacher à la nouvelle créance la sûreté résultant du cautionnement.

Cette prohibition empruntée à Pothier, semble peu rationnelle ; car la réserve du cautionnement ne nuirait en rien à la caution, puisque ce cautionnement n'adhérerait à la nouvelle dette que dans la limite de l'ancienne. Quant aux priviléges et hypothèques, l'art. 1278 apporte une dérogation au droit commun.

Reproduisant une théorie de Pothier, auteur que le Code a beaucoup suivi en cette matière, basée sur notre ancien Droit et sur le Droit romain, il permet aux parties de transporter sur la nouvelle dette les priviléges et hypothèques de l'ancienne, pourvu que la réserve du créancier à cet égard soit expresse. C'est ainsi que si en 1840 je nove une créance de 30,000 francs que vous me devez hypothécairement depuis 1835, en une rente de 1,500 fr., ma rente constituée seulement en 1840 se trouvera protégée par une hypothèque de 1835, qui me permettra de primer vos créanciers de 1836 et autres années intermédiaires. Ce résultat n'est pas inique, car l'hypothèque n'aura pas plus d'effet dans un cas que dans l'autre. Quant aux hypothèques d'une dette solidaire, il faut distinguer : le créancier peut stipuler du débiteur qui s'oblige à nouveau que les hypothèques qui pèsent sur ses biens garantiront la nouvelle dette ; mais il ne peut réserver celles dont sont grevés les biens des co-débiteurs, en ce sens que cette réserve ne serait valable qu'en tant que les co-débiteurs donnent leur adhésion. Il nous reste à examiner une question vivement controversée à savoir : si dans la novation opérée par la substitution d'un nouveau débiteur sans la participation de l'ancien, le créancier peut réserver ses hypothèques sur les biens de celui-ci ? Ne cherchant pas ce que le Code aurait dû faire et nous en tenant à son esprit, nous devons opter pour la négative. L'erreur de certains auteurs à ce sujet résulte du rapprochement qu'ils font de l'art. 1288 avec 1279 ; celui-ci ne parle que de la novation faite avec un nouveau débiteur, tandis que l'autre n'entend parler que de la novation faite avec l'ancien débiteur, et par conséquent d'une réserve nécessairement acceptée par lui. Ainsi donc, ce texte qui paraît d'abord favorable à l'opinion contraire, en réalité est muet sur la question.

En second lieu, comme l'attribution d'hypothèques anciennes à une nouvelle créance est un effet exorbitant du droit commun, nous ne devons pas l'étendre d'un cas à un autre ; et le Code qui décide après Pothier, que le cautionnement, la solidarité et les hypothèques ne peuvent être réservées sans le consentement exprès des cautions et des co-débiteurs solidaires, doit décider aussi, d'après l'opinion du même auteur, que lorsque la novation a lieu par la substitution d'un nouveau débiteur à l'ancien, les hypothèques qui pesaient sur les biens du débiteur libéré ne peuvent pas être réservées sans son consentement.

§ II. — *De la délégation.*

La délégation est un acte par lequel un débiteur donne à son créancier un nouveau débiteur, soit que ce créancier prenne ce nouveau débiteur comme seul obligé, à la place de l'ancien, soit qu'il le reçoive seulement pour co-obligé et sans décharger le premier débiteur ; en sorte qu'il faut distinguer deux sortes de délégations. La délégation simple ou imparfaite et la délegation parfaite. La première, qui n'opère point novation et dans laquelle le nouveau débiteur ne prend pas la place de l'ancien et devient seulement son coobligé ; la deuxième qui opère novation et dans laquelle le créancier reçoit un nouveau débiteur au lieu et place de l'ancien qu'il décharge de son obligation.

Trois personnes figurent dans la délégation : le délégant, le délégué et le délégataire. On appelle délégant le débiteur qui présente la tierce personne qui s'oblige à sa place ; délégué, le tiers qui s'oblige à la place du délégant ; et délégataire, le créancier qui accepte le délégué en place du délégant qu'il libère de son obligation. Lorsqu'un tiers vient de lui-même s'obliger au lieu et place du débiteur primitif, on dit qu'il y a expromission ; donc l'expromission et la délégation parfaite sont une novation par changement de débiteur ; mais tandis que les novations ordinaires restent soumises à la règle générale de l'art. 1273, en ce sens qu'elles sont admises quand elles résultent clairement de l'acte, la novation par délégation est soumise à la règle plus rigoureuse de l'art. 1275, et pour son existence il faut non pas seulement une manifestation claire et certaine, mais une volonté expressément exprimée, par laquelle le créancier délie son ancien débiteur qui lui en présente un nouveau qu'il accepte.

Section II.

De la remise de la dette.

La remise de la dette est la renonciation qu'un créancier fait à sa créance sans recevoir aucun équivalent pécuniaire en échange de l'avantage qu'il fait à son débiteur.

Ainsi la remise de la dette dont il est ici question est une véritable libéralité quant au fonds, et de ce principe résultera la conséquence qu'il faudra appliquer à ce cas les règles posées par le Code sur la réduction au disponible, sur le rapport à succession et sur la capacité de donner et de recevoir.

Du reste cette remise de la dette n'est point soumise aux règles de forme de la donation, puisqu'elle ne constitue pas une donation; cela est évident, car elle consiste non dans l'attribution et la transmission d'un droit, mais dans l'abandon, dans l'anéantissement et la renonciation que fait le maître à son droit. Ainsi donc peuvent faire une telle remise de dette tous les créanciers capables de disposer à titre gratuit, sauf dans le cas de créanciers solidaires de l'art. 1198, que la remise faite par l'un d'eux seulement n'a d'effet qu'à l'égard du créancier qui l'a faite et dans la seule limite de la part qu'il a dans la créance.

La remise de la dette peut-elle s'effectuer par la seule volonté du créancier, et ne faut-il pas au contraire que cette renonciation soit acceptée par le débiteur? La question doit se résoudre différemment, selon qu'on envisage la renonciation du créancier comme absolue ou comme purement relative au débiteur. Dans ce dernier cas, c'est une offre de libéralité que le créancier fait à son débiteur, et la volonté du créancier se trouvant subordonnée à la volonté conforme du débiteur, l'extinction de la créance et de la dette ne peut se réaliser que par le mutuel consentement, par une convention. Le créancier n'est point lié par son offre et s'il la retire avant toute acceptation, rien n'est fait. Dans le premier cas, au contraire, on répond que chacun est maître d'abdiquer et de répudier les droits qui lui appartiennent, que par conséquent l'abdication du créancier éteint la créance qui entraîne nécessairement avec elle l'extinction de la dette.

La remise de la dette peut se faire expressément ou tacitement sans qu'elle ne puisse résulter que d'une convention expresse ou tacite, puisqu'elle se forme le plus souvent par un testament qui ne constitue nullement une convention.

La remise est tacite lorsqu'elle résulte de certains faits qui la font présumer, ces faits sont cités dans les articles 1282 et 1283. C'est la remise que le créancier fait à son débiteur du titre qui constate sa créance.

Ces articles nous présentent un cas de présomption légale fondée sur ce qui arrive le plus ordinairement, *quod plerumque fit*. Argumentant du fait connu, l'abandon du titre par le créancier, la loi tire la conséquence que la remise de la dette a eu lieu, parce que d'ordinaire un créancier ne remet à son débiteur son billet que s'il n'entend plus conserver son droit. Ces présomptions ne sont pas invincibles et l'une est plus puissante que l'autre.

Si le titre original qui constate la créance est sous signature privée, la présomption légale qui résulte de sa remise, est une présomption *juris et de jure*, invincible; si c'est au contraire la grosse d'un acte notarié, la présomption est simplement de *juris* et la preuve contraire est admissible. On explique cette différence par cette considération, que dans le premier cas, le créancier se dépouille absolument de son titre et n'a plus de preuve écrite de son droit; tandis que dans le second cas, il conserve toujours la faculté de s'en procurer un nouveau au moyen de la minute restée chez le notaire, dont il peut exiger une nouvelle expédition. La remise de la chose donnée en gage à titre de nantissement ne fait pas présumer la remise de la dette; c'est simplement une marque de confiance que le créancier accorde au débiteur. La remise du titre au débiteur par le créancier, peut quelquefois faire présumer autre chose que la remise gratuite du titre; il se pourrait, en effet, que le titre ne se trouvât entre les mains du débiteur que parce qu'il aurait été dérobé ou parce qu'il aurait été perdu par le créancier, ou bien encore parce qu'il l'aurait confié au débiteur afin de l'étudier.

Dans cette hypothèse, le fait même de la possession par le débiteur fait présumer la restitution volontaire, sauf au créancier à faire tomber cette présomption, ce qu'il pourra faire par tous moyens quelconques; car cette présomption étant une pure présomption de l'homme, n'est pas

BIBLIOTHÈQUE IMPÉRIALE

comme la présomption attachée à l'abandon du titre, une présomption légale obligatoire pour le juge, et reste par conséquent abandonnée à son appréciation.

La remise de la dette, de quelque manière qu'elle s'accomplisse, a pour effet naturel, l'extinction de l'obligation et de ses accessoires ; mais si elle ne présente pas de difficultés quand la dette n'offre qu'un seul débiteur, il n'en est pas de même quand il y a plusieurs coobligés à la même dette ; alors il faut distinguer entre la remise réelle et la remise personnelle, et voir les conséquences qui peuvent en résulter. La remise est réelle, lorsqu'elle est absolue, générale, sans restriction à telle ou telle personne ; personnelle, quand elle est limitée à telle ou telle personne.

La remise tacite que la loi fait résulter de l'abandon par le créancier de son titre est toujours réelle ; il faut en conclure que la remise du titre à l'un des débiteurs solidaires profite à tous. Pareillement la remise du titre à l'une des cautions profite à toutes et même au débiteur principal ; *a fortiori* cette remise faite au débiteur principal, profite-t-elle à ses cautions.

Quant à la remise expresse, elle est tantôt réelle, tantôt personnelle : faite à l'un des débiteurs solidaires, cette remise est considérée par la loi comme réelle ou faite à tous. Le Code, partant de l'idée que la solidarité fait de chacun des co-débiteurs le mandataire de tous les autres, décide, qu'à défaut de réserve expresse de ses droits, le créancier verra absolument s'éteindre sa dette. Remarquons que si le créancier réduit expressément la dette à la part du co-débiteur, en conservant ses droits contre les autres co-débiteurs, il ne peut plus la répéter que déduction faite de la part de ce co-débiteur.

En cas de dette garantie par des cautions, la remise faite au débiteur libère toujours les cautions, parce que l'accessoire s'éteint avec le principal. Au contraire, la remise faite à la caution en tant seulement que caution, ne libère pas le débiteur, elle ne libère pas même les autres cautions, dit la fin de l'article 1287, mais cet article est trop absolu, et il ne faut pas le prendre à la lettre ; car, après la décharge d'une des cautions, les autres ne se trouveront obligées que déduction faite de la part de celle à qui on a fait la remise. En effet, ou les cautions sont solidaires entre elles, ou elles ne le sont pas ; dans le premier cas, elles se trouvent placées sous la règle de l'art. 1285 ; dans le second cas, comme aucune d'elles n'a renoncé au bénéfice de division, elles pourront contraindre le créancier à les poursuivre toutes à la fois, pour ne demander à chacune que sa part, ce qui réduira le cautionnement au tiers de la dette. En second lieu, l'art. 2033 accorde à la caution qui a acquitté la dette, un recours contre les autres pour leur part et portion ; le créancier ne peut donc pas en déchargeant l'une d'elles, faire porter sur les autres tout le fardeau de la dette.

La disposition de l'art. 1288 résout en sens inverse de Dumoulin et de Pothier une question qui occupait fort les anciens auteurs : c'est celle de savoir si le créancier d'une dette cautionnée peut licitement recevoir de la caution pour la décharge de son cautionnement une somme qui ne devrait pas s'imputer sur la dette, mais qui serait uniquement le prix de la décharge.

Le Code déclare d'une manière absolue que non, et je pense que la solution n'est pas heureuse.

En effet, le contrat qui se passe entre le créancier et la caution est un véritable contrat d'assurance, un contrat aléatoire ; le créancier, en échange des risques qu'il prend à sa charge, reçoit une somme que la caution fournit en échange de la libération que lui fait le créancier des risques qu'elle courait.

Ce contrat est donc conforme aux principes du droit commun et devrait être maintenu ; mais le Code déclare formellement que la somme ainsi payée par la caution s'impute sur la dette même et décharge jusqu'à concurrence le débiteur et les autres cautions.

Section III.

De la compensation

La compensation est l'extinction simultanée des obligations dont deux personnes sont réciproquement débitrices, qui s'anéantissent l'une par l'autre par le fait même de leur réciprocité. Elle est fondée sur l'intérêt réciproque des parties à qui elle évite la nécessité de livrer d'une main ce qu'elles auraient à recevoir de l'autre, et leur sauve ainsi des déplacements et des lenteurs qui leur seraient préjudiciables.

En Droit Romain la compensation était judiciaire ; elle devait être opposée en justice et prononcée par le juge.

Sous le Code Napoléon, au contraire, elle a lieu de plein droit, c'est-à-dire par la seule volonté de la loi et même à l'insu des débiteurs. Du moment que les deux dettes existent simultanément et qu'elles réunissent les conditions prescrites par la loi, la compensation produit ses effets, les deux dettes s'éteignent.

La compensation est fondée, comme nous l'avons dit, sur des raisons d'intérêt purement privé ; or, comme chacun est libre en principe, de renoncer aux droits établis en sa faveur, nous pensons qu'on peut à son gré renoncer à la compensation.

Pour que la compensation légale s'accomplisse, quatre conditions sont requises. Elles présentent un double point de vue sous lequel nous allons les examniner.

No 1. — *Entre quelles dettes peut s'opérer la compensation.*

Ella n'a lieu qu'entre deux dettes qui ont également pour objet une somme d'argent ou une certaine quantité de choses fongibles de la même espèce, qui sont également liquides et exigibles. Chacune de ces dettes doit donc réunir trois caractères : 1o avoir un objet de nature à pouvoir être exactement remplacé par l'objet de l'autre obligation, c'est-à dire que les objets des deux dettes soient exactement fongibles entr'eux, de telle sorte que chaque partie pourrait payer ce qu'elle doit en livrant ce qui lui est dû. Ainsi la compensation a lieu lorsque les deux dettes ont l'une et l'autre pour objet, par exemple, tant de barriques de vin de la même année et du même crû. Mais elle n'aurait pas lieu si, l'une des parties devant un objet certain, un cheval ; l'autre devait tel de ses chevaux individuellement déterminé. Car ici, la seconde partie ne peut pas payer en livrant ce qui lui est dû, et l'autre partie ne peut pas être contrainte de recevoir une chose autre que celle qui lui est due.

La règle que la compensation a lieu pour les choses fongibles entre elles s'applique naturellement aux dettes d'argent, puisqu'il n'y a rien de plus fongible que l'argent. Mais la loi donne à cette règle une plus grande étendue et assimile à des dettes d'argent celles des denrées dont le prix est fixé par des mercuriales. Donc, dans ce cas, la compensation aura lieu, bien que les deux dettes aient pour objet des choses différentes. Cependant notre règle ne s'appliquerait pas dans le cas où la dette de denrées aurait précisément pour cause l'obligation avec laquelle on voudrait la compenser ; si, par exemple, je vous vends dix hectolitres de blé, moyennant la somme de 200 fr., il est clair que les deux dettes ne s'éteindront pas immédiatement par compensation, parce qu'elles auront l'une et l'autre pour objet des choses fongibles ; car alors la compensation ne serait rien moins que l'anéantissement même de la convention formelle des parties. Hors ce cas particulier, on ne doit point se préoccuper de l'origine de la dette, et la diversité des causes des deux dettes est indifférente. La loi cite toutefois trois exceptions : 1° La demande en restitution d'une chose dont le propriétaire a été injustement dépouillé ; 2o la demande en restitution d'un dépôt et d'un prêt à usage ; 3o la dette qui a pour cause des aliments déclarés insaisissables. La première exception a été introduite en haine des voleurs, et afin d'empêcher que les créanciers se fissent justice par eux-mêmes, *spoliatus ante omnia restituendus*. Les deux exceptions du second alinéa sont considérées comme dettes d'honneur et de confiance qu'on ne peut refuser d'acquitter sous aucun prétexte.

Il faut, au sujet de ces deux exceptions, faire remarquer que la loi n'a dû entendre parler que du dépôt irrégulier, dans lequel le dépositaire doit rendre, non les mêmes choses identiquement, mais des choses semblables ; sans quoi la dette aurait alors pour objet un corps certain, chose non fongible, et la compensation n'aurait pas lieu. Les mots prêts à usage qui formulent aussi une exception, doivent être effacés du Code, car ils expriment un non-sens. Le prêt à usage ou commodat ne peut, en effet, avoir jamais pour objet qu'un corps certain et déterminé, et ne tombe pas sous l'application du principe de la compensation.

La troisième exception de notre article se trouve doublement étendue par les dispositions de l'art. 581 du Code de Procédure civile, qui déclare insaisissable toutes les dispositions faites à titre d'aliments et prouve qu'il y a d'autres dettes que celles des aliments qui peuvent être insaisissables.

2° *Chacune des dettes doit être liquide.* — On dit qu'une dette est liquide lorsqu'on sait s'il est dû et combien il est dû, *cum certum est an et quantum debeatur.* Ainsi, la compensation n'aurait pas lieu du moment que l'une des deux dettes serait contestée par le prétendu débiteur ; mais il faudrait que la contestation fût sérieuse et non ridicule.

3° *Chacune des deux dettes doit être exigible.* — Autrement, on priverait du bénéfice de la condition ou du terme le débiteur qui ne serait tenu que par une obligation conditionnelle, ou à terme à moins qu'il ne s'agisse que d'un simple terme de grâce accordé au débiteur par le juge ; car ce terme n'est motivé que par l'impossibilité du débiteur d'acquitter sa dette ; or, la compensation fait disparaître cette impossibilité et lui offre un moyen facile de libération sans rien débourser. Observons que pour cela la loi n'exige pas l'égalité de dettes, et que d'après l'article 1290, elles se compenseront jusqu'à concurrence de leurs quotités respectives. C'est là une exception à la règle, qu'un créancier ne peut pas être forcé de recevoir un paiement partiel. Pareillement l'article 1296 n'exige pas qu'elles soient payables au même lieu, sauf à faire raison à celui des débiteurs qui y a droit des frais de la remise.

N° 2. — *Entre quelles personnes la compensation peut avoir lieu.*

Elle ne peut avoir lieu qu'entre deux parties réellement débitrices l'une de l'autre. On ne pourra donc pas opposer à son créancier la compensation avec ce qu'il doit à un tiers ; pareillement la compensation n'aura pas lieu, si, débiteur envers moi d'une certaine somme déterminée, vous étiez créancier de pareille sur mon pupille; car, bien que je doive payer en ma qualité de tuteur, la dette n'est pourtant point la mienne.

Il en sera de même dans les rapports du débiteur principal et de la caution; car l'obligation de la caution se trouve être conditionnelle : elle n'est tenue que si le débiteur principal est inutilement poursuivi et ne paie pas : elle peut même, si le créancier, son débiteur, la poursuivait de prime abord, le renvoyer à discuter les biens du débiteur principal.

Le dernier alinéa de l'art. 1294 déclare que le débiteur solidaire ne peut pareillement opposer la compensation de ce que le créancier doit à son co-débiteur. Il suppose le cas, où le créancier, au lieu de poursuivre le co-débiteur devenu son créancier, s'adresse aux autres co-débiteurs; car s'il exerçait sa poursuite précisément contre celui des co-débiteurs solidaires qui se trouve son créancier, il y aurait compensation de plein droit; et tous les co-débiteurs seraient dès-lors libérés.

Du principe que la compensation produit son effet extinctif *ipso jure*, même à l'insu des parties, résultent les conséquences suivantes : que l'incapacité des parties n'est point un obstacle à la compensation, que les intérêts des deux dettes cesseront de courir du moment de leur extinction par compensation, et enfin, comme le dit l'art. 1299, que les priviléges ou hypothèques qui étaient attachés à la créance s'éteignent avec elle, et celui qui a payé la dette qui était éteinte de plein droit, ne pourra plus opposer ces priviléges ou hypothèques au préjudice des tiers.

Il faut, afin d'éviter toute équivoque sur cet article, remarquer que le débiteur qui, au lieu de se prévaloir de la compensation accomplie, paie sa dette éteinte, comme si elle existait encore, se trouve avoir payé une chose indue; que, par conséquent, lorsqu'il agira contre son ex-créancier, il exercera une créance nouvelle résultant du paiement fait indûment, sur laquelle ne reposeront plus les différentes garanties qui protégeaient l'ancienne. Toutefois, la loi fait revivre ces garanties et permet de s'en prévaloir au profit de la nouvelle créance, quand le débiteur qui a payé a eu une juste cause d'ignorer la créance qui devait compenser sa dette.

La compensation ne peut préjudicier aux droits acquis à des tiers. L'application de ce principe dans les deux hypothèses des art. 1295 et 1298 nous le fera bien comprendre.

Le débiteur qui accepte purement et simplement, c'est-à-dire sans protestation ou réserve, la cession que son créancier fait de ses droits à un tiers, ne peut plus opposer au cessionnaire la compensation qu'il eût pu, avant l'acceptation, opposer au cédant. Cela est évident, puisque le créancier perd par la cession sa qualité de créancier qui passe au cessionnaire. Toutefois, ce principe reçoit une modification, si c'est seulement par une signification au débiteur que le transport s'est fait. Car alors les créances de ce débiteur contre son créancier, auxquelles il ne renonce pas expressément, réunissent dès avant le transport, on le suppose, toutes les conditions voulues pour la compensation légale qui s'accomplit de plein droit, et le cessionnaire ne peut acquérir aucun droit contre le débiteur cédé qui ne l'était plus. Nous dirons donc avec la fin de l'article 1295 qu'à l'égard de la cession non acceptée par le débiteur, mais qui lui a été seulement signifiée, elle n'empêche que la compensation des créances postérieures à cette notification. Du principe que la compensation constitue un paiement, il résultera encore que celui qui, étant débiteur, est devenu créancier depuis la saisie-arrêt faite par un tiers entre ses mains, ne peut au préjudice du saisissant opposer la compensation. Car, de même qu'il ne peut faire un paiement effectif de la somme saisie, de même il ne peut la retenir en compensation, c'est-à-dire en paiement de celle qui lui est due.

En outre de la compensation légale, il y a la compensation facultative à laquelle il manque quelqu'une des conditions voulues par la loi et qui a besoin, pour produire son effet, d'être invoquée par celui des débiteurs qui peut réaliser la condition qui manque et d'être prononcée par le juge.

Si, par exemple, vous me devez 1,000 fr. purement et simplement et que je vous doive pareille somme à terme, la compensation ne peut pas s'opérer de plein droit, puisque les deux dettes ne sont pas exigibles; mais, si sur la demande de paiement que vous m'adressez je renonce au terme stipulé en ma faveur, la compensation s'accomplira.

La demande de compensation reçoit quelquefois le nom de demande reconventionnelle, parce qu'elle est élevée en justice par un défendeur qui demande incidemment à faire reconnaître ou liquider une créance qu'il prétend avoir contre le demandeur.

La compensation facultative et la compensation légale produisent toutes deux l'extinction de deux dettes, en principal et accessoires : la seule différence qui les sépare, c'est que tandis que l'une s'accomplit de plein droit, l'autre a besoin d'être invoquée par le débiteur au pouvoir duquel se trouve la réalisation de la condition qui manque pour la compensation formulée par la loi.

POSITIONS.

Dans notre Droit français, est il vrai que l'obligation annulée pour incapacité laisse subsister une obligation naturelle suffisante pour opérer la novation ? — Non.

L'abandon du titre fait-il présumer un paiement ou une remise de dette à titre gratuit? — Un paiement.

Les codébiteurs solidaires qui ne peuvent invoquer en compensation pour le tout, une créance acquise par l'un d'eux contre le créancier, ne le peuvent-ils pas au moins pour la part et portion dans la dette du codébiteur devenu créancier ? — Non.

Droit Commercial.

De la lettre de change, du protêt, de la clause : retour sans frais.

§ I. — *Du Protêt.*

Pour ne pas entraver leurs nombreuses opérations commerciales qui, presque toujours, exigent de la célérité, afin d'éviter aussi les longues formalités de la procédure civile, les commerçants ont formé la lettre de change, et lui ont donné pour auxiliaire le protêt, acte par lequel le porteur d'une lettre de change ou d'un billet à ordre fait constater le refus de la part du tireur ou du souscripteur, soit d'accepter, soit de payer.

Dans notre Droit le protêt est donc des deux sortes : protêt faute d'acceptation, protêt faute de paiement d'une lettre de change.

1o *Protêt faute d'acceptation.*

Le protêt faute d'acceptation est celui qui se fait pour constater le refus par un individu d'accepter la lettre de change tirée sur lui, le plus souvent l'acceptation ayant uniquement pour but d'offrir au porteur une sûreté de plus du paiement de la traite. Il est libre à lui d'y renoncer, s'il trouve ses droits suffisamment garantis. Le protêt faute d'acceptation est donc presque toujours facultatif. Mais il n'en est plus de même quand la loi ou la convention imposent au porteur l'obligation de présenter la lettre à l'acceptation ; le protêt est alors indispensable pour constater ses diligences.

Pareillement, en cas de non acceptation d'une lettre de change payable à plusieurs jours, mois ou usances de vue, afin que le tireur et les endosseurs qui ont souscrit la lettre de change, et à laquelle ils ne songent peut-être plus, ne demeurent pas indéfiniment sous le coup de la responsabilité qu'ils ont encourue, et en cas d'obligation imposée au porteur par le tireur ou les endosseurs, afin que ceux-ci aient le moyen de prendre leurs mesures vis-à-vis d'un tiré dont ils suspecteraient la bonne volonté

2°. — *Protêt faute de paiement.*

Le protêt est ici de toute nécessité ; et le porteur qui veut exercer un recours contre les signataires de la lettre de change, obligés subsidiairement et dans le cas où elle ne serait pas acquittée par le tiré, devra constater par le protêt le refus de ce dernier.

C'est ce que dit la loi, dans l'art. 162 : « Le refus de paiement doit être constaté, le lendemain du jour de l'échéance, par un acte qu'on nomme protêt faute de paiement ; » et l'art. 175 ajoute, que nul acte ne peut suppléer, de la part du porteur, l'acte de protêt.

Sous l'ordonnance de 1673 on avait dix jours de grâce pour le paiement des lettres de change. Le protêt ne pouvait donc pas être fait avant l'expiration de ces dix jours ; aujourd'hui l'art. 162 fixe l'époque au lendemain de l'échéance, et si le lendemain du jour de l'échéance est un jour férié légal, le protêt doit être fait le jour suivant.

L'effet du protêt est de constater les diligences du porteur et de faire naître pour lui le droit d'actionner en garantie les signataires de l'effet non payé. Le protêt fait de plus courir l'intérêt du principal de la lettre de change ou du billet protesté faute de paiement.

Je vais traiter des formalités du protêt et examiner successivement : 1° à la requête de qui il peut être fait ; 2° à quel lieu ; 3° par quel officier ministériel ; 4° la forme de l'acte.

1° A la requête de qui peut être fait le protêt ? — A la requête du propriétaire porteur de la traite, et à la requête de son mandataire, fût-il même porteur de l'effet en vertu d'un endossement irrégulier, puisque la jurisprudence lui permet de transmettre la traite par voie de négociation. Quant au simple détenteur, il ne peut faire faire le protêt à sa requête, mais seulement au nom de celui que le dernier endossement en a constitué porteur ; car il doit toujours veiller à la conservation des droits qui résultent de l'effet qu'il a entre ses mains.

2° A quel lieu ? — Le protêt en règle générale, doit être fait au domicile du tiré (173). Le protêt fait à personne est irrégulier ; par domicile il faut entendre le lieu où le tiré a le siége de son commerce, où il paie habituellement. Lorsque la traite est domiciliée par le tireur en un autre domicile que celui du tiré, le protêt doit être fait à ce domicile. Ceci résulte du principe que le porteur n'a à faire qu'au papier et que pour lui les personnes disparaissent.

3° Par quels officiers ministériels ? — L'art. 173 en donne le droit aux huissiers et aux notaires; mais dans la pratique les premiers en ont seuls le privilége.

4° Forme de l'acte ? Il est fait en la forme des exploits ordinaires, et par un seul et même acte. Il est régi en outre par les deux art. 174 et 176, qui prescrivent aux officiers ministériels de remplir ces formalités sous peine de destitutions et de dommages-intérêts.

La responsabilité de l'officier ministériel se trouve-t-elle engagée envers le porteur seulement, ou bien aussi envers tous les endosseurs ? J'accorderai le droit de requérir des dommages à tous ceux qui ont intérêt à se prévaloir de la faute de l'huissier.

§ 2. — *Clause : retour sans frais.*

Le protêt est en principe obligatoire ; cependant la pratique permet d'imposer au porteur l'obligation de ne pas le faire ; cette défense se formule par ces mots : Retour sans frais. Le porteur d'un effet portant cette énonciation, doit faire connaître amiablement et sans frais le défaut de paiement. Si la clause émane du tireur, il faut la considérer comme une prohibition formelle de ne pas protester. Le protêt, en effet, produit des effets moraux très-préjudiciables au tireur dont il déshonore la signature, et porte atteinte au crédit des individus obligés de payer à l'échéance. Il est donc à présumer que, dans le cas de refus de payer du tiré, le tireur a voulu que la traite lui fût renvoyée. Mais si cette clause émane d'un endosseur éloigné, on pourra la considérer comme une simple remise de l'obligation du protêt, qu'il a faite au porteur sur sa demande, afin de lui éviter d'exposer des frais et d'agir dans des délais déterminés.

POSITIONS.

Le cas de force majeure relève-t-il le porteur de la déchéance encourue pour défaut de protêt en temps utile ? — Oui.

Le protêt doit-il être fait non-seulement au domicile des besoins indiqués par le tireur ; mais encore aux domiciles de ceux indiqués par les endosseurs ? — Oui.

Droit Administratif.

D la juridiction administrative gracieuse et contentieuse en ce qui concerne le trésor public.

Le trésor public est un centre vers lequel tout converge, qui, par son abondance, fait la force de l'Etat, et par son insuffisance amène la destruction de l'organisation sociale et donne prise à ces guerres, à ces révolutions dont notre histoire retentit encore.

L'intérêt général est donc compromis au plus haut degré si l'administration ne perçoit l'impôt que d'une manière imparfaite; ce qui nous donne le premier élément de la formule du contentieux administratif, applicable en cette matière : « l'intérêt spécial émanant de l'intérêt général, discuté, en contact avec un droit privé. »

Le second élément, l'intérêt spécial, apparaît toutes les fois qu'il s'agit de mesures prises pour faire déclarer l'Etat débiteur ou créancier. Enfin, le droit privé apparaît dans l'intérêt pécuniaire de chaque contribuable.

La juridiction administrative, en matière de trésor public, est grâcieuse ou contentieuse. Grâcieuse, quand il ne s'agit que de simples faveurs, d'intérêts froissés; contentieuse, quand des droits sont lésés.

§ Ier. *Juridiction grâcieuse.*

Elle est exercée par l'Empereur, en Conseil-d'Etat, et est fort peu étendue. En effet, la majeure partie des discussions offre les caractères du contentieux, et l'Empereur n'exerce pas de juridiction contentieuse. L'Empereur, en Conseil-d'Etat, rend des décrets sur la rectification des erreurs sur les noms, prénoms et actes de naissance des créanciers de l'Etat inscrits sur le grand-livre de la dette publique. Dans la même forme, l'Empereur fixe le diamètre de chaque pièce de monnaie.

§ 2. — *Juridiction contentieuse.*

Section Ire.

Juridiction contentieuse des ministres.

La juridiction contentieuse diffère de la juridiction gracieuse par deux caractères essentiels : 1° La chose jugée ; 2° l'existence de deux degrés. Les ministres sont les juges naturels de toute question administrative au premier degré. Les préfets, les conseils de préfecture ne forment que les tribunaux exceptionnels. Au deuxième degré et comme juge d'appel se trouve le Conseil d'Etat.

Les ministres et les conseils de préfecture se partagent la juridiction contentieuse en matière de trésor public.

Les contestations qui rentrent dans les attributions contentieuses des ministres, sont celles relatives à la comptabilité, aux comptables, aux contributions directes et indirectes, à la dette publique, aux dettes de l'ancienne liste civile, aux dettes communales, aux pensions et traitements. Ils prononcent tantôt directement, tantôt après instruction des préfets, qui doivent leur fournir tous les éclaircissements mis à leur disposition. Le juge ordinaire du contentieux en matière de trésor public, c'est le ministre des finances. Il est appelé à prononcer sur toutes les questions de comptabilité dans lesquelles le trésor est intéressé, soit qu'elles s'élèvent entre le trésor et les comptables, soit qu'elles s'agitent entre deux comptables, dont l'un est le successeur de l'autre. Il prend les arrêtés nécessaires contre les comptables, entrepreneurs et agents quelconques en débet, dans les cas prévus par la loi. Il prononce sur les réclamations des comptables qui veulent obtenir décharge de leur responsabilité, en cas de débet mis à leur charge. La liquidation des créances contre l'Etat appartient aussi à la juridiction contentieuse des ministres.

Section II.

Juridiction contentieuse des conseils de préfecture.

Les conseils de préfecture ont démembré la compétence contentieuse des ministres en matière de contributions directes, et en ce qui concerne différentes taxes qui sont assimilées aux contributions directes. Ce sont les taxes auxquelles donnent lieu la construction des chemins vicinaux, leur entretien, l'exploitation des mines, etc.

Ainsi, ils prononcent sur les demandes en décharge ou réduction, sur les demandes de mutation ou de division de cote de contribution introduites par de simples particuliers. Les réclamations formées par les communes et les arrondissements sont portées devant le conseil général. Quant aux contributions indirectes, un déclassement les attribue à la juridiction civile. Comme pour les ministres, le Conseil d'Etat est le tribunal d'appel du conseil de préfecture.

POSITIONS.

Y a-t-il une différence entre les demandes en décharge ou réduction, et entre celles qui tendent à obtenir des remises ou des modérations? — Oui.

La formule du contentieux administratif est-elle applicable aux deux cas? — Non.

Cette Thèse sera soutenue, en séance publique, dans une des salles de la Faculté, le 5 août 1859.

Vu par le Président de la Thèse,

DEMANTE.

Toulouse, Imprimerie Troyes Ouvriers Réunis, rue Saint-Pantaléon, 3.

www.ingramcontent.com/pod-product-compliance
Ingram Content Group UK Ltd.
Pitfield, Milton Keynes, MK11 3LW, UK
UKHW021534260726
13993UKWH00004B/1982

9 782019 994952